J. KRISHNAMURTI

QUÉ ES LA MEDITACIÓN

Editado por Duncan Toms

Traducción de Ana Pániker

Título original: WHAT IS MEDITATION
© 2023 Krishnamurti Foundation Trust and Krishnamurti Foundation of America
Recopilado por Jerome Blanche
www.kfoundation.org

© 2024 Editorial Kairós, S.A.
www.editorialkairos.com

La presente edición en lengua española ha sido contratada con la licencia de la Krishnamurti Foundation of America (KFA, www.kfa.org, kfa@kfa.org) y la Krishnamurti Foundation Trust Ltd. (KFT, www.kfoundation.org, kft@brockwood.org.uk) además de la Fundación Krishnamurti Latinoamericana (FKL, apartado 5351, 08080 Barcelona, España. www.fkla.org, fkl@fkla.org).

Traducción del inglés al castellano: Ana Pániker

Fotocomposición: Editorial Kairós
Diseño cubierta: Katrien van Steen
Imagen cubierta: © Fundación Krishnamurti

Impresión y encuadernación: Litogama. 08030 Barcelona

Primera edición: Septiembre 2024
ISBN: 978-84-1121-288-5
Depósito legal: B 9.970-2024

Todos los derechos reservados.
Cualquier forma de reproducción, distribución, comunicación pública o transformación de esta obra solo puede ser realizada con la autorización de sus titulares, salvo excepción prevista por la ley. Diríjase a CEDRO (Centro Español de Derechos Reprográficos, www.cedro.org) si necesita algún fragmento de esta obra.

Este libro ha sido impreso con papel que proviene de fuentes respetuosas con la sociedad y el medio ambiente y cuenta con los requisitos necesarios para ser considerado un «libro amigo de los bosques».

SUMARIO

Introducción	7
Qué es la meditación	9
Fuentes	103
Fundaciones	113

INTRODUCCIÓN

La meditación es un tema central en las conferencias y escritos de Krishnamurti. Viendo la creciente popularidad que suscitaba y la miríada de técnicas y enfoques que se ofrecían, Krishnamurti rechazó las prácticas, los objetivos y los controles propugnados por maestros y tradiciones. La meditación, dice, no es algo que se hace o se experimenta, tampoco es algo que pueda aprenderse de otro. Por lo tanto, este libro no es uno más que explica cómo meditar.

¿Qué es, entonces, la meditación? Las citas y extractos que aquí se presentan, cada uno de ellos una meditación en sí mismo, despliegan el enfoque único de Krishnamurti sobre un tema a la vez asombrosamente sencillo y de gran profundidad. Sugiere que la meditación está directamente relacionada con nuestras actividades cotidianas, no es algo separado, y sólo es posible si hay orden en nuestra vida diaria. La meditación no es forzar a la mente a permanecer en silencio, ni en concentración o contemplación; es una conciencia profunda de la naturaleza del yo y del pensamiento, brindando la posibilidad al pensamiento de encontrar su lugar correcto, una libertad revolucionaria de lo conocido:

La meditación es un movimiento de la atención. La atención no tiene fronteras que cruzar; la atención es claridad, libre de todo pensamiento. El pensamiento nunca puede ser claridad porque hunde sus raíces en el pasado muerto; pensar es una acción en la oscuridad. Ser consciente de esto es estar atento. Ser consciente no es un método que conduzca a la atención; tal atención está dentro del campo del pensamiento y puede ser controlada o modificada; ser consciente de esta falta de atención es atención. La meditación no es un proceso intelectual; es la liberación del pensamiento y un movimiento en el éxtasis de la verdad.

J. Krishnamurti está considerado uno de los más importantes filósofos y maestros de todos los tiempos. Su obra ha influido en grandes figuras como George Bernard Shaw, David Bohm, Alan Watts, Henry Miller, Bruce Lee, Eckhart Tolle, Jackson Pollock y Aldous Huxley.

QUÉ ES LA MEDITACIÓN

Qué es la meditación

Aprender sobre uno mismo, sea lo que sea, es el principio de la meditación. Cuando usted está aprendiendo, no hay acumulación. Adquirir o acumular convierte el aprendizaje en conocimiento, lo que llama aprendizaje, entonces, añade más a lo que ya sabe. Lo que ya sabe condiciona su aprendizaje. Así que el aprendizaje nunca es acumulación.

No hay meditación si no hay autoconocimiento. No hay meditación si no hay una base correcta. El establecimiento de los cimientos correctos es la meditación. Sentar las bases es liberarse de la ambición, de la envidia y la codicia, de la adoración del éxito. Es decir, la meditación comienza con el conocimiento de uno mismo. Sin autoconocimiento, no hay meditación —lo que sea que usted llame meditación es autoengaño o autohipnosis, sin significado alguno—. Los métodos y sistemas que la gente ofrece, cómo meditar, son todos absolutamente inmaduros. Estamos hablando de meditación basada en los fundamentos correctos. Si va muy lejos después de sentar las bases, que son la autoindagación y la autocomprensión, en el fondo no hay desafío ni respuesta. Ese es un largo viaje, no en el tiempo, no en días y años, sino un viaje que tiene que hacerse despiadadamente dentro de uno mismo.

Qué es la meditación

Meditar es comprender todo el movimiento de lo conocido y ver si es posible alejarse de él.

J. Krishnamurti

Si soy consciente de que soy neurótico, ya estoy saliendo de esa neurosis. Pero la mayoría de nosotros no somos conscientes de nuestras peculiaridades ni de nuestros estados ligeramente desequilibrados, tampoco de nuestras exageraciones, idiosincrasias y fijaciones. Ser consciente de esta condición neurótica requiere atención, observación, pero no tenemos la energía, el tiempo o la inclinación para observarnos a nosotros mismos; preferimos acudir a un analista o a alguien que haga el trabajo por nosotros y nos complique aún más la vida. Si usted es consciente de que es neurótico —no sólo superficialmente, sino profundamente, como la mayoría de nosotros—, entonces, para provocar un cambio, debe ser consciente, debe observar cada palabra, lo que siente y piensa, adentrarse profundamente en usted mismo. Tal vez entonces, a partir de esa conciencia, surja la meditación.

Qué es la meditación

Investigar el final del dolor forma parte de la meditación, no la huida hacia las visiones.

El autoconocimiento es el principio de la meditación. Sin conocerse a usted mismo, repetir palabras de los libros sagrados no tiene ningún sentido. Tranquilizan, aquietan su mente, pero eso lo puede hacer con una pastilla. Repitiendo una frase una y otra y otra vez, su cerebro naturalmente se aquieta, se adormece y se embota. En esa torpeza e insensibilidad, usted puede tener experiencias, obtener ciertos resultados, pero sigue siendo ambicioso, envidioso, codicioso y creando enemistad.

Qué es la meditación

La meditación es la comprensión del yo. Sin esta comprensión, lo que se llama meditación, por placentera o dolorosa que sea, no es más que una forma de autohipnosis. Usted ha practicado el autocontrol, ha dominado el pensamiento y se ha concentrado en fomentar la experiencia, lo cual es una ocupación egocéntrica, no meditación. Percibir que esto no es meditación es el comienzo de la meditación. Ver la verdad en lo falso libera la mente de lo falso. La liberación de lo falso no se produce a través del deseo de lograr; se produce cuando la mente ya no está preocupada por el éxito o la consecución de un fin. Debe cesar toda búsqueda, y sólo entonces existe la posibilidad de que surja lo innominado.

El autoengaño existe cuando hay cualquier forma de ansia o apego: apego a un prejuicio, a una experiencia o a un sistema de pensamiento. Consciente o inconscientemente, el experimentador siempre está buscando una experiencia mayor, más profunda, más amplia. Mientras exista el experimentador, habrá ilusión de una forma u otra.

El tiempo y la paciencia son necesarios para alcanzar un objetivo. Una persona ambiciosa, mundana o no, necesita tiempo para alcanzar un fin. La mente es el producto del tiempo, y todo pensamiento es su resultado. El pensamiento que se esfuerza por liberarse del tiempo únicamente refuerza su dependencia del tiempo. El tiempo sólo existe cuando hay una brecha psicológica entre lo que es y lo que debería ser, el ideal, el fin. Ser consciente de la falsedad de toda esta manera de pensar es liberarse de ella, lo que no exige ningún esfuerzo ni práctica. La comprensión es inmediata; no es cuestión de tiempo.

Cuando lo falso desaparece, hay libertad para que surja lo que no es falso. No se puede buscar lo verdadero a través de lo falso; lo falso no es un peldaño hacia lo verdadero. Lo falso debe cesar por completo, no en comparación con lo verdadero. No hay comparación entre lo falso y lo verdadero; la violencia y el amor no pueden compararse. La violencia debe cesar para que exista el amor. El cese de la violencia no es una cuestión de tiempo. La percepción de lo falso como falso es el fin de lo falso.

Que la mente esté vacía y no llena de las cosas de la mente. Entonces sólo hay meditación y no un meditador que está meditando.

Qué es la meditación

En la meditación, usted debe comprender el significado del pensamiento, su valor y su total irrelevancia para ir más allá de la dimensión.

J. Krishnamurti

En meditación, no siga a nadie, ni siquiera a mí. No siga ningún sistema porque embotará su mente y destruirá cualquier energía que tenga. Necesita una gran energía para ir más allá de todo pensamiento.

Qué es la meditación

Nuestras mentes están entrenadas para aceptar y conformarse. Nuestros pensamientos se moldean según los de otros. Nos hemos vuelto imitativos, conformistas e incapaces de ser libres para observar por nosotros mismos. Por lo tanto, la mente tiene que reeducarse a sí misma para comprender por qué ella, y todo nuestro ser, acepta la conformidad.

¿Por qué se conforma usted? ¿Por qué acepta el patrón establecido por otro, sobre meditación o cualquier otra cosa? Aceptamos lo que dice el médico, el ingeniero, el arquitecto, el científico, etc., porque tienen conocimientos específicos. Pero el gurú, el líder o el maestro, el que le dice cómo meditar, ¿qué sabe? Por favor, investigue: ¿qué saben? El conocimiento siempre está en el pasado.

J. Krishnamurti

Si le interesa profundamente esta cuestión de la meditación —el movimiento de la meditación, el acto de meditar, descubrir lo que significa—, tenemos que examinar la cuestión de la autoridad. Qué forma de meditación y cómo meditar es una cuestión de autoridad. Pero donde hay autoridad, no puede haber libertad, ni en el mundo tiránico de la dictadura y los estados totalitarios, ni en la meditación.

La palabra *autoridad* significa alguien que origina algo (como en la palabra *autor*), y la gente le sigue, y en cuanto convierten lo que dice en autoridad, entonces eso ya está muerto. Esto es especialmente cierto aquí porque, si sigue lo que digo, está acabado. Debe tener mucho cuidado, si quiere entrar en esta cuestión de la meditación, en estar completa, total, interiormente libre de toda autoridad y comparación. No sé si puede hacerlo.

Por lo tanto, debe ser extremadamente consciente de la importancia de la autoridad en una dirección determinada —la del médico o el científico— y comprender que, interiormente, la autoridad carece de importancia, ya sea la autoridad de otro, de la que es bastante fácil desprenderse, o la autoridad de su propia experiencia, conocimientos y conclusiones, que se convierte en prejuicio. Debe ser tan libre de la autoridad de otro como de su propia autoridad.

Lo primero que hay que comprender en la meditación es que no hay autoridad, que la mente debe ser completamente libre para examinar, observar y aprender.

Qué es la meditación

La meditación es la negación, la negación de todos los sistemas, porque uno ve la verdad y comprende todo el significado de ser su propia luz. Esta luz no puede ser la luz de otro, ni venir a través de otro, y usted no puede encender esa luz desde otro. Una vez que vea la verdad de esto, no seguirá a ningún ser humano, ningún gurú, ningún salvador, ningún sacerdote con sus doctrinas, tradiciones y rituales. Esto será terriblemente difícil porque tenemos miedo a permanecer solos.

La autoridad y el seguimiento de otro, ya sea un sistema, un método o una práctica, no tienen cabida en la meditación.

Qué es la meditación

La meditación es el descubrimiento, la atención que pone orden en su vida y, por tanto, en la sociedad.

¿Es posible que la mente acabe con los conflictos? Todos los conflictos, no sólo los conscientes, sino los profundos, las capas ocultas que nunca han salido a la luz y que pueden ser la causa del conflicto. No puedo acabar con el conflicto sin conocer todo el contenido de mí mismo: la voluntad, las huidas, los deseos, las exigencias, los impulsos sexuales, todos los giros, perversiones y torturas en los que me encuentro.

Ahora bien, ¿aprende la mente todo este contenido de forma gradual o instantánea? Si es un proceso gradual, morirá sin haberlo aprendido todo. Si es un proceso gradual, implica tiempo: muchos días, años o sólo unos minutos. En ese tiempo, se producen todo tipo de presiones y distorsiones. El tiempo no es la forma de entenderlo, y debe haber otra manera. ¿Puedo aprender la totalidad sobre mí mismo —que es algo muy serio, en lo que no hay engaño alguno— en un instante?

Ahora medite. Medite ahora. Después de todo, meditar es agudizar la mente.

Ningún libro, ninguna relación, ninguna discusión va a producir esa cualidad de agudeza. Me ofrece eso y me dice: «Es su comida, cocínela», y yo tengo que averiguarlo. No hay libro de cocina, ni chef, ni líder. Debo averiguarlo. Lo que significa que tengo que ingeniármelas.

Meditar es poner orden en la vida y, por tanto, acumular una gran energía. La meditación acaba con el conflicto entre el observador y lo observado, lo que añade más energía.

Qué es la meditación

La verdadera meditación no es posible si no comprendo el conflicto. Veo que el conflicto distorsiona, es un veneno, un estado neurótico en el que estar. Lo veo; ésa es la verdad. Para mí, es una verdad absoluta, como el fuego que quema. Ahora me pregunto: ¿Cómo puedo liberarme del conflicto sin crear otro conflicto? Al intentar liberarme de un conflicto, surge otro. No quiero hacerlo porque prolonga el conflicto. Tengo que encontrar la manera de acabar con el conflicto sin introducir otros.

J. Krishnamurti

Si usted medita sin orden, está viviendo en una serie de fantasías, en la imaginación, en la ilusión romántica.

En el estado de no atención hay conflicto. Observe ese conflicto, sea consciente de él, preste toda su atención a ese conflicto para que la mente se vuelva extraordinariamente viva y no mecánica. Eso forma parte de la meditación.

En la meditación no se controla ni se disciplina el pensamiento, porque el que disciplina el pensamiento es un fragmento de pensamiento.

Cuando hay control, hay dirección. Dirección y control implican voluntad. En el deseo de controlar, se establece un objetivo y una dirección, lo que significa llevar a cabo una decisión tomada por la voluntad. La ejecución es la duración del tiempo. Por lo tanto, una dirección significa tiempo, voluntad y un fin: todo esto está implícito en la palabra *control*. ¿Qué lugar ocupa la voluntad en la meditación y, por tanto, en la vida? O no tiene lugar en absoluto, lo que significa que no hay lugar para la decisión, sólo para ver, hacer, lo que no exige voluntad ni dirección.

La meditación en la vida cotidiana es una acción en la que nunca hay elección ni voluntad.

Qué es la meditación

La meditación es necesaria para que la mente esté completamente quieta. Cuando la mente permanece completamente quieta, está en total orden: no hay ni un solo movimiento de desgaste energético. Ese silencio, esa quietud, esa completa tranquilidad de la mente no es algo elaborado por el pensamiento.

Usted ha estado intentando hallar silencio, quietud, paz mental, y en eso hay control. Está tratando de controlar el pensamiento, que está vagando por todas partes, un segmento de ese pensamiento trata de controlar los movimientos de otros pensamientos. En este control, nunca ha investigado quién es el controlador. ¿Quién es el controlador y la cosa controlada? Mírelo. El controlador es uno de los fragmentos del pensamiento que se ha dividido en diferentes fragmentos.

Entonces se sienta en silencio y quiere meditar. Lo que usted llama meditación, no es de lo que estamos hablando. Se sienta en silencio y su pensamiento se aleja. El controlador trae el pensamiento de vuelta y trata de decir: «No te vayas. Quédate. Concéntrate». Surge otro pensamiento, y piensa en otra cosa, y de nuevo continúa esta batalla. A esto lo llama usted meditación, pero es una pérdida total de energía. ¿Puede la mente estar libre de todo control? Dedique su corazón a esto, averígüelo.

Qué es la meditación

Cualquier forma de control niega la sensibilidad y la inteligencia que exige la meditación.

¿Qué es la meditación? Al considerar la meditación, hay que comprender el esfuerzo y a quien realiza el esfuerzo. El buen esfuerzo conduce a una cosa y el mal esfuerzo a otra, pero ambos son vinculantes. Es esta atadura la que hay que entender y romper.

La meditación es la ruptura de todas las ataduras. Es un estado de libertad, pero no *de* nada. Liberarse *de* algo es cultivar la resistencia. Ser consciente de ser libre no es libertad. Esa conciencia es el que experimenta, el que hace el esfuerzo. La meditación es la ruptura del experimentador, que no puede hacerse conscientemente. Si el experimentador se rompe conscientemente, hay un fortalecimiento de la voluntad, que también es una parte de la conciencia. Nuestro problema, entonces, tiene que ver con todo el proceso de la conciencia y no con una parte de él, pequeña o grande, dominante o subordinada.

Llamamos al desentrañador de la conciencia el yo superior, el *atman*, etc., pero sigue formando parte de la conciencia: el que siempre se está esforzando por intentar llegar a alguna parte. El esfuerzo es deseo. Un deseo puede ser superado por un deseo mayor, y ese deseo por otro mayor, y así sucesivamente, sin fin. El deseo engendra engaño, ilusión, contradicción y visiones de esperanza. El deseo omnímodo de lo último, o la voluntad de alcanzar lo que no tiene nombre, sigue siendo el camino de la conciencia, del experimentador de lo bueno y lo malo, el experimentador que espera, observa, espera. La conciencia no es de un nivel particular; es la totalidad de nuestro ser.

La mente es un instrumento armado. Es el tejido del tiempo, y sólo puede pensar en términos de resultados, de algo que ganar o evitar. La mente siempre está buscando un resultado, un camino hacia algún logro.

Mientras la mente esté activa, eligiendo, buscando, experimentando, debe existir quien realiza el esfuerzo que crea una imagen. Ésta es la red en la que está atrapado el pensamiento. El pensamiento mismo es el creador de la red; el pensamiento es la red. El pensamiento es vinculante; el pensamiento sólo puede conducir a la vasta extensión del tiempo, el campo en el que el conocimiento, la acción y la virtud tienen importancia.

Por muy refinado o simplificado que sea, el pensamiento no puede romper el pensamiento. La conciencia como voluntad, el experimentador, el observador, el que elige, el censor, debe llegar a su fin, voluntaria y felizmente, sin ninguna esperanza de recompensa. El buscador cesa.

Esto es la meditación.

El silencio de la mente no puede producirse mediante la acción de la voluntad; hay silencio cuando la voluntad cesa. Esto es la meditación. La realidad no puede ser buscada; es cuando el buscador no es. La mente es tiempo, y el pensamiento no puede descubrir lo inmensurable.

Hay seguridad en la inteligencia absoluta. Esa inteligencia no es suya ni mía; es inteligencia. En esa seguridad, las neuronas se aquietan.

Hay inteligencia cuando la mente es capaz de observar lo que es falso, y como ha visto lo falso, hay seguridad. La mente se aquieta extraordinariamente de forma natural, fácil, dulce, sin ningún esfuerzo, y en esa quietud no hay tiempo.

No se trata de si la mente puede mantener ese silencio —eso es el deseo del pensamiento, querer perseguir el silencio como placer—. En ese silencio, no hay experimentador, no hay observador, sino sólo esa cualidad de silencio completo y total. En ese silencio, la puerta está abierta. Lo que hay más allá de la puerta es indescriptible; no se puede expresar con palabras. Todo lo que usted puede hacer es acercarse a la puerta y abrirla. Es su responsabilidad como ser humano.

Todo esto es meditación: la quietud absoluta del cuerpo, la quietud absoluta de una mente totalmente religiosa, en la que no hay chispa de violencia o conflicto. La violencia existe donde hay voluntad.

Cuando usted ha comprendido todo esto, cuando

ha vivido esto en la vida cotidiana, llega a esa puerta, la abre y descubre. Abra esa puerta.

J. Krishnamurti

En el silencio total no hay nada. Usted no es nada. Si es algo, no hay silencio. Cuando hay ruido, no puede oír ni ver. Sólo cuando la mente no es nada hay completa seguridad, completa estabilidad. Sólo entonces puede la mente descubrir si hay, o si no hay, algo que no tiene nombre, algo que está más allá del tiempo. Todo esto es meditación.

Tiene que vivir una vida cotidiana en la que la relación con el otro no tenga conflictos. Todo esto es meditación. Sólo entonces se encuentra con lo que es intemporal. Si no sabe cómo tener una relación sin conflicto, la vida se vuelve distorsionada, fea, dolorosa, irreal. La relación es la vida.

Qué es la meditación

Meditar es tener la mente completamente quieta. Sólo puede estar quieta de forma natural, no una quietud cultivada, no una quietud practicada. Si practica la quietud, es la muerte y ya no es quietud.

El silencio no puede llegar a través de la práctica o el control. El silencio no está entre dos ruidos; no es la paz entre dos guerras. El silencio llega cuando el cuerpo y la mente están en completa armonía, sin ninguna fricción. En ese silencio, hay un movimiento total que es el fin del tiempo. El tiempo ha llegado a su fin.

La meditación es mucho más que eso: encontrar lo más sagrado. No lo sagrado de los ídolos en los templos, las iglesias o las mezquitas, hechos por el hombre, a mano, por la mente, por el pensamiento. Hay una sacralidad que no ha sido tocada por el pensamiento. Eso sólo puede ocurrir, natural, fácil, felizmente, cuando hemos puesto un orden completo en nuestra vida diaria. Cuando existe ese orden, que significa que no hay conflicto, surgen el amor, la compasión y la claridad. La meditación es todo esto, no un escape de la vida cotidiana. Benditos aquellos que conocen la calidad de esta meditación.

Qué es la meditación

El cerebro tiene su propio ritmo, pero ese ritmo ha sido distorsionado por la extravagancia, por maltratar al cerebro con drogas, con fe, con creencias, bebiendo y fumando. Todo eso ha distorsionado el cerebro, y ha perdido su prístina vitalidad.

La meditación es el sentido de la comprensión total de toda la vida, y de ahí surge la acción correcta. La meditación es el silencio absoluto de la mente, no un silencio relativo o el silencio que el pensamiento ha proyectado y estructurado. Es el silencio del orden, que es libertad. Sólo en ese silencio total, completo, no adulterado, está la verdad, que es eterna desde la eternidad. Esto es la meditación.

La meditación sin fórmula fija, sin causa ni razón, sin fin ni propósito, es un fenómeno increíble. No es sólo una gran explosión que purifica; es también la muerte. No tiene mañana. Su pureza devasta, no deja ningún rincón oculto donde el pensamiento pueda acechar en sus propias sombras oscuras. Su pureza es vulnerable, no es una virtud nacida de la resistencia. Es pura como el amor porque no tiene resistencia.

No hay mañana en la meditación, no hay discusión con la muerte. La muerte del ayer y del mañana no permite el tiempo mezquino del presente (y el tiempo siempre es mezquino). La meditación es la destrucción de la falsa seguridad. Es nueva. La meditación no es el cálculo tonto de un cerebro en busca de seguridad.

Hay una gran belleza en la meditación, no la belleza de las cosas que han sido puestas juntas por la humanidad o por la naturaleza, sino la del silencio. Este silencio es el vacío en el que, y del que, todas las cosas fluyen y tienen su ser. Es incognoscible: ni el intelecto ni el sentimiento pueden abrirse camino hacia ella. No hay manera de hacerlo, y un método para ello es la invención de la codicia.

Qué es la meditación

Las formas y los medios del yo calculador deben ser destruidos por completo. Todo avance o retroceso, que es el camino del tiempo, debe llegar a su fin, sin un mañana. La meditación es destrucción; es un peligro para aquellos que desean llevar una vida superficial de fantasía y mito.

Un hombre estaba sentado con las piernas cruzadas en un rincón apartado del parque, junto a su bicicleta. Había cerrado los ojos y movía los labios. Permaneció más de media hora en esa posición, completamente ajeno al mundo, a los transeúntes y al chirrido de los coches. Su cuerpo estaba inmóvil. En sus manos llevaba un rosario cubierto por un trozo de tela. Sus dedos eran el único movimiento perceptible, aparte de sus labios.

Acudía allí todos los días hacia el atardecer, y debía de ser después de su jornada de trabajo. Era un hombre más bien pobre, pero bastante bien alimentado, y siempre acudía a aquel rincón y se perdía. Si le preguntabas, te decía que estaba meditando, repitiendo una oración o un mantra, y para él eso era suficiente. Encontraba en ello consuelo a la monotonía cotidiana de la vida. Estaba solo sobre la hierba y detrás de él había jazmines en flor. Había muchas flores en el suelo y la belleza del momento se extendía a su alrededor. Pero nunca vio esa belleza, porque estaba perdido en una belleza creada por él mismo.

Qué es la meditación

La meditación no es la repetición de palabras, la experimentación de una visión o el cultivo del silencio. La cuenta y la palabra tranquilizan la mente parlanchina, pero es una forma de autohipnosis. La meditación no es envolverse en un patrón de pensamiento o en el encanto del placer. La meditación no tiene principio y, por lo tanto, no tiene fin.

Si usted dice: «Controlaré mis pensamientos, me sentaré tranquilamente en una postura meditativa y respiraré con regularidad», está atrapado en los trucos con los que uno se engaña a sí mismo. La meditación no es una cuestión de estar absorto en una idea o imagen grandiosa: eso sólo lo aquieta a uno por el momento, como un niño absorto en un juguete está tranquilo durante un rato. En cuanto el juguete deja de interesar, la inquietud y las travesuras vuelven a empezar. La meditación no es la búsqueda de un camino invisible que conduce a una dicha imaginaria.

La mente meditativa está viendo, observando, escuchando, sin la palabra, sin comentario, sin opinión. Está atenta al movimiento de la vida en todas sus relaciones a lo largo del día. Por la noche, cuando todo el organismo está en reposo, la mente meditativa no tiene sueños, porque ha estado despierta todo el día. Sólo los indolentes tienen sueños; sólo los medio dormidos que necesitan la conminación de sus propios estados. Pero a medida que la mente observa, escucha el movimiento de la vida, el exterior y el interior. A una mente así le llega un silencio no elaborado por el pensamiento.

No es un silencio que el observador pueda experimentar. Si lo experimenta y lo reconoce, ya no es silencio. El silencio de la mente meditativa no está dentro de los límites del reconocimiento, porque este silencio no tiene fronteras. Sólo hay silencio en el que cesa el espacio de división.

Qué es la meditación

¿Puede la mente estar absolutamente quieta? Lo que está quieto tiene una gran energía. Es la suma de la energía.

La meditación exige una gran atención. Donde hay atención, hay gran energía.

Qué es la meditación

La meditación consiste en prestar total atención a cualquier cosa que esté haciendo a lo largo del día. Si se está poniendo la corbata, préstele atención. Si está hablando con alguien, preste total atención. En la atención, no hay un centro como el «yo». Sólo cuando no hay atención existe la formación y la estructura del yo, de donde surgen todas las penas, el dolor y la división.

La meditación es esta sensación de ausencia total del yo. Cuando existe esa atención, la mente se vuelve completamente quieta, silenciosa, sin ninguna presión. Este silencio no es la invención del pensamiento; es la completa quietud de la mente. Y lo que es silencioso tiene un vasto espacio. El pensamiento no tiene lugar en el espacio. Sólo entonces surge lo que no tiene nombre. Entonces la vida, toda la vida, la suya y la de los demás, toda la existencia se vuelve sagrada, santa. Éste es el significado de la vida y el significado de la meditación.

J. Krishnamurti

La palabra *meditación* está muy cargada. En Asia se le ha dado un significado particular. Hay diferentes escuelas de meditación, diferentes métodos y sistemas cuyo objetivo es generar atención. Algunos sistemas enseñan la meditación como control, seguir una idea, o mirar un cuadro y vivir con esa imagen sin cesar, o tomar una frase y adentrarse en ella, o mirar el movimiento del dedo gordo del pie, escuchar una palabra, *om* o *amén*, y seguir el sonido, repetir frases en sánscrito..., y así una y otra vez. En todas estas formas de meditación está implícita la actividad del pensamiento, la actividad de la imitación, un movimiento de conformidad, es decir, un orden establecido. Y a esto se le llama meditación, incluido el zen. Y para mí, esto no es meditación en absoluto.

La meditación es algo totalmente distinto. La meditación consiste en ser consciente del pensamiento y los sentimientos, nunca para corregir, nunca para decir qué está bien o mal, nunca para justificar, sino simplemente para observar y moverse con los pensamientos. En ese observando, moviéndose con el pensamiento y el sentimiento, usted empieza a comprender todo su movimiento.

Qué es la meditación

De esta conciencia surge el silencio. No el silencio estimulado o controlado, no el silencio armado por el pensamiento, que es estancamiento, muerte, sino el silencio que viene cuando el pensamiento ha comprendido su propio comienzo, la naturaleza de sí mismo, cómo nunca es libre y siempre es viejo. Ver todas las llamadas meditaciones, ver cómo funciona el pensamiento, ver el movimiento de cada pensamiento consciente o inconsciente, comprender todo ello, que es ser consciente de ello, de ahí surge el silencio. Y todo este proceso es meditación, en la que el observador nunca está.

La meditación es la cualidad de la mente completamente atenta y en silencio. Sólo entonces puede contemplar una flor, su belleza, su color, su forma, y sólo entonces cesa la distancia entre usted y la flor.

Qué es la meditación

Para observar, se necesita energía, la misma energía que ahora está fragmentada en diversas actividades. La atención es la concentración de toda esta energía, sin fragmentación. Cuando usted presta atención, es decir, cuando observa, escucha, mira, ve, la mente debe estar muy quieta, muy en silencio. Sólo en esa quietud puede realmente ver o escuchar. La quietud de la mente forma parte de la meditación. La quietud no se puede inducir, cultivar o practicar.

Con el silencio de la quietud de la mente, observe las respuestas, las reacciones, los prejuicios, los miedos, las miserias, las peleas —todas las cosas que pasan en la vida— para que toda la estructura de la existencia, interiormente primero, se vuelva algo claro, no fragmentado. Entonces, cualquier problema que surja —y tiene que haber problemas, no puede evitarlos— se comprende de inmediato y se resuelve para no malgastar energía. Esto sólo puede hacerse cuando la mente está completamente en calma. Esto forma parte de la meditación.

El significado más amplio de la meditación no es tanto *experimentar*, porque no existe tal cosa como experimentar la realidad, la iluminación, sino una mente tan alerta, tan atenta en sí misma, que posea una cualidad de intemporalidad, una cualidad que no se ve afectada por el pensamiento. El pensamiento siempre produce fragmentación. En la meditación hay una sensación de éxtasis sin espacio. Y más allá de esto hay algo mucho más que no se puede expresar con palabras. Si se expresa con palabras, no será real. Usted no puede buscarlo, no puede ir a una escuela para aprenderlo. Sentado día tras día, no lo conseguirá. Pero la pregunta que la humanidad siempre se ha hecho, buscando a este extraño desconocido, para penetrar en él sin el observador, para dejar que ese desconocido se penetre a sí mismo, es la meditación.

Qué es la meditación

Parte de la meditación consiste en ver el exterior tal y como es, no como uno desea que sea.

Una mente meditativa, sin concentración, tiene atención. La atención es completamente diferente a la concentración. En la concentración, existe la entidad que se concentra en algo, por lo que hay una dualidad. En la concentración hay resistencia contra la intrusión de otros movimientos. Siempre hay una batalla entre querer concentrarse en algo y que sus pensamientos divaguen. Este conflicto dura toda la vida.

Usted cree que será un meditador maravilloso cuando pueda controlar completamente sus pensamientos. Pero el pensamiento, cuando se controla, se marchita, conduce a la ilusión, a la histeria y a la actividad neurótica. En lugar de eso, observe la cualidad del pensamiento; comprenda que nunca puede ser nuevo, nunca puede ser libre porque nace del pasado, de la experiencia y el conocimiento, que es del ayer.

La atención es totalmente diferente de la concentración. En la atención no existe ni el observador ni lo observado, sino sólo el estado de atención desde el que se pueden observar las cosas. Haga esto conmigo ahora, si está en absoluto serio y escuchando lo que se dice con su corazón y su mente, con su sensibilidad y

Qué es la meditación

su afecto, con su amor y su cuidado. Escúchelo, y verá que en la atención está la ausencia de toda opinión o juicio, la ausencia del observador. Por lo tanto, en esa atención no está el tiempo.

Existe el tiempo cronológico de ayer, hoy y mañana. Ése es el movimiento del pensamiento, que es tiempo. En la atención, en la cualidad de la atención, sólo existe ese estado, ¡oh, no sé cómo describirlo! La descripción no es lo descrito. Pero si está atento, sabrá lo que significa. Esa atención no hay que practicarla. No vaya a escuelas para aprender atención. No vaya a un gurú y le diga: «Por favor, enséñame qué es estar atento». Cuando se pregunta a otro qué es estar atento, no se está atento. Pero saber que no se está atento es atención.

De la atención surge la cualidad del silencio, una mente completamente tranquila. Una mente completamente quieta está libre del movimiento de lo conocido. Esta cualidad de la atención, con su asombroso silencio, surge naturalmente cuando la mente comprende todo lo que hemos dicho.

El silencio no es el espacio entre dos ruidos. El silencio no es el producto del pensamiento que desea callar para lograr más experiencia. En el silencio no hay experiencia. En el silencio hay una cualidad totalmente diferente.

J. Krishnamurti

Cualquier forma de práctica meditativa deliberada es como cualquier otra forma de deseo.

Qué es la meditación

La meditación abarca todo el campo de la existencia. La meditación implica liberarse de métodos o sistemas. No sé qué es la meditación, así que empiezo por ahí. Por lo tanto, empiezo con la libertad, no con la carga de los demás.

En la meditación no hay dirección.

Qué es la meditación

Dormir es tan importante como mantenerse despierto, quizá más. Si durante el día la mente está vigilante, recogida en sí misma, observando el movimiento interior y exterior de la vida, por la noche la meditación llega como una bendición. La mente se despierta y, desde la profundidad del silencio, surge el encanto de la meditación, que ninguna imaginación o fantasía puede producir. Ocurre sin que la mente lo invite: surge de la tranquilidad de la conciencia, no dentro de ella, sino fuera de ella; no en la periferia del pensamiento, sino más allá de sus alcances.

No hay memoria de la meditación, porque la memoria es siempre del pasado, y la meditación no es la resurrección del pasado. Ocurre por la plenitud del corazón y no por el brillo y la capacidad intelectuales. Puede suceder noche tras noche, pero cada vez, si se es bendecido, es nuevo. No es nuevo en el sentido de ser diferente de lo viejo, sino nuevo sin el trasfondo de lo viejo, nuevo en su diversidad y cambio inmutable.

El sueño se convierte en algo de extraordinaria importancia, no el sueño del agotamiento, no el sueño provocado por las drogas o la satisfacción física, sino un sueño tan ligero y rápido como sensible sea el cuerpo. Y el cuerpo se hace sensible a través del estado de alerta. Algunas veces la meditación es tan ligera como una brisa que pasa; otras veces su profundidad está más allá de toda medida. Pero si la mente retiene una u otra como un recuerdo al que entregarse, el éxtasis de la meditación llega a su fin. Es importante no poseerla ni desear poseerla nunca. La cualidad de la posesividad nunca debe entrar en la meditación, porque la meditación no tiene ninguna raíz ni ninguna postura secundaria que la mente pueda sostener.

Qué es la meditación

La meditación no es la repetición de mantras, no es sólo sentarse y respirar atentamente. La meditación debe ser involuntaria, no artificiosa, no estructurada. Lo que significa que no hay medida.

J. Krishnamurti

La meditación no tiene nada que ofrecer; usted no puede venir mendigando con las manos juntas. No le salva de ningún dolor. Hace que las cosas sean muy claras y simples. Pero para percibir esta simplicidad, la mente debe liberarse, sin ninguna causa o motivo, de todas las cosas que ha reunido a través de causas y motivos. Esta es toda la cuestión en la meditación.

La meditación es la purgación de lo conocido. Perseguir lo conocido en diferentes formas es un juego de autoengaño. Entonces el meditador es el maestro; no existe el simple acto de meditación. El meditador sólo puede actuar en el campo de lo conocido y debe dejar de actuar para que lo desconocido sea. Lo incognoscible no le invita, y usted no puede invitarlo. Va y viene como el viento, y no puede capturarlo y almacenarlo para su beneficio o uso. No tiene valor utilitario, pero sin él, la vida está infinitamente vacía.

La cuestión no es *cómo* meditar, qué sistema seguir, sino qué es la meditación. El cómo sólo puede producir lo que el método ofrece, pero la propia indagación sobre lo que es la meditación abrirá la puerta a la meditación.

Qué es la meditación

La indagación no está fuera de la mente, sino dentro del movimiento de la mente misma.

En esa búsqueda, lo más importante es comprender al buscador y no lo que busca. Lo que busca es la proyección de sus anhelos, compulsiones y deseos. Cuando se ve este hecho, cesa toda búsqueda, lo que en sí mismo es enormemente significativo. Entonces la mente ya no se aferra a algo más allá de sí misma. No hay movimiento hacia afuera con su correspondiente reacción hacia adentro. Cuando la búsqueda ha cesado por completo, hay un movimiento de la mente que no es ni hacia afuera ni hacia adentro. La búsqueda no termina por un acto de voluntad o por un complejo proceso de conclusiones. Dejar de buscar exige una gran comprensión. El fin de la búsqueda es el comienzo de una mente quieta.

J. Krishnamurti

La meditación no es la repetición de palabras, sentarse en un rincón oscuro, contemplar las propias proyecciones, imágenes e ideas. La meditación es desentrañar lo conocido y liberarse de lo conocido.

Qué es la meditación

Evite a toda costa cualquier sistema de meditación porque una mente mecánica no puede averiguar qué es la verdad.

Esto forma parte de la meditación: liberar la mente de toda presión. Esto significa no practicar, porque la práctica es presión.

La creencia, la imaginación y la fe no tienen cabida en la meditación, porque la creencia, la imaginación y la fe crean ilusión, un engaño en el que la mente queda atrapada.

Cualquier forma de meditación consciente no es meditación.

Qué es la meditación

La meditación es la liberación de la mente de su contenido como conciencia que ha creado su propio pequeño espacio.

J. Krishnamurti

Cuando el cerebro está completamente quieto, está vacío. Sólo a través del vacío puede percibirse algo. Usted necesita espacio y vacío para observar. Para observarse, debe existir espacio entre usted y yo, entonces se produce la visión.

Una mente paralizada por las penas y los problemas, con sus vanidades y su ansia de realización, una mente frustrada y atrapada en el nacionalismo —todas las pequeñeces de la vida—, una mente así no tiene espacio. No está vacía y, por tanto, es totalmente incapaz de observar. Cuando una mente superficial y mezquina dice: «Debo explorar algo más allá», no tiene sentido. Debe explorarse a sí misma, no si hay algo más allá.

Cuando el cerebro está completamente quieto y vacío —lo que exige una conciencia y una atención asombrosas—, es el comienzo de la meditación. Entonces puede ver, escuchar, observar. Entonces descubrirá si hay algo más allá de la medida.

Qué es la meditación

La meditación es el vaciado del contenido de la conciencia.

La meditación es el vaciado completo y total de la mente. Usted no puede vaciar la mente a la fuerza, según un método, sistema o escuela. Debe entender la total falacia de esto. La búsqueda de un sistema es la búsqueda de la experiencia, para alcanzar una experiencia ulterior o última. Cuando comprende la naturaleza de la experiencia, elimina todo esto de un plumazo. Se acaba para siempre, de modo que su mente deja de seguir a alguien, no persigue experiencia alguna ni ninguna visión. Todas las visiones, toda la sensibilidad elevada es actividad egocéntrica, ya sea a través de drogas, disciplina, rituales, trabajo u oración.

Qué es la meditación

Meditar es liberar la mente de lo conocido.

Una mente que no tiene espacio en la vida cotidiana no puede llegar a lo que es eterno, atemporal. Por eso la meditación adquiere una importancia extraordinaria. No la meditación que usted practica, que no es meditación en absoluto, sino la meditación de la que hablamos, que transforma la mente. Sólo una mente así es religiosa. Sólo una mente religiosa así puede dar lugar a una cultura diferente, a un modo de vida diferente, a una relación diferente, a un sentido de lo sagrado y, por tanto, a una gran belleza y honestidad. Todo esto surge de forma natural, sin esfuerzo, sin lucha, sin sacrificio, sin control. Y éste es el principio y el final de la meditación.

Meditar es comprender o llegar al espacio que no está unido por el pensamiento, el «yo» y el «no yo».

Cuando usted tiene espacio, la mente se silencia de forma natural. Esto es lo importante, no todos los trucos que nos hacemos a nosotros mismos para aquietar la mente repitiendo mantras, practicando la meditación trascendental, esto, aquello o lo otro, a lo que llama meditación. Puede aquietar la mente tomando una pastilla, drogándose, tomando un tranquilizante: la mente se aquieta mucho. En cambio, cuando la mente tiene espacio, lo que significa que no hay dirección, no hay operación de la voluntad y, por tanto, no hay miedo, hay silencio. La mente está realmente en silencio, no acallada por medios tortuosos, sino en un silencio real del que usted no es consciente. En el momento en que es consciente de que está en silencio, no es silencio. Por lo tanto, la meditación es parte de la liberación de la experiencia de estar en silencio.

La meditación tiene lugar cuando usted no está.

La belleza está donde usted no está. La esencia de la belleza es la ausencia del yo. La cuestión de la meditación es haber puesto la casa en orden, meditar. La palabra *meditación* significa reflexionar, pensar, indagar en la abnegación del yo.

Qué es la meditación

Donde hay silencio, hay espacio. Los que vivimos en ciudades, pisos y casas situados en calles estrechas con ruido, contaminación del aire, la tierra y los ríos, los árboles y la naturaleza tenemos muy poco espacio físico. Cuando tenemos poco espacio, nos volvemos violentos, agresivos. Cuando la mente tiene poco espacio, está en un estado constante de revuelta, un estado constante de feo descontento, queriendo expresarse en violencia, ira, brutalidad y diversas formas de agresión.

Donde hay silencio, hay espacio. No hay espacio si hay un centro. Donde hay un centro como el «yo», el observador, el experimentador que pide más experiencia o que quiere deshacerse de las experiencias, debe haber un diámetro, un círculo. Se puede extender o contraer el círculo, pero la extensión y la contracción no son espacio. El espacio sólo existe cuando el centro no existe.

En esa quietud, en esa sensación de belleza y amor, hay un tipo de movimiento muy diferente que no tiene nombre, que no puede ser descrito y jamás puede comunicarse a otro. La mente debe llegar a él conociéndose a sí misma, conociendo todos los trucos y astucias, todas las imaginaciones, todas las pruebas y afanes de la vida. Entonces, cuando llega a ella, ahí está. Y ésa es la naturaleza de una mente religiosa y de la meditación.

Qué es la meditación

La meditación es algo tremendamente serio, no algo que le ayude a relajarse, a hacer mejor su trabajo o a conseguir más dinero. Es la abnegación total del yo.

¿Qué es la meditación? Es un estado mental en el que la acción y el ejercicio de la voluntad no existen. No tiene dirección. No busca ninguna experiencia. No busca nada en absoluto. Por lo tanto, una mente meditativa está libre de todo control.

Durante toda nuestra vida, desde la infancia hasta la muerte, en el dolor, en la lucha, en la ansiedad, con una sensación de soledad, sin saber lo que es el amor, o queriendo amor, se nos enseña a controlarnos a nosotros mismos, controlar nuestra ira, nuestra ambición, nuestros pensamientos. No nos preguntamos por qué debemos controlarnos. ¿Y quién es el controlador? El controlador es el pensamiento, el pasado que se dice a sí mismo: «Esto no debe ser, esto debe ser. Esto debe ser suprimido, aquello debe ser perseguido».

En el control hay imitación, conformidad, supresión y miedo a no tener éxito, a no llegar a ser, a no conseguir nada. Para los que se llaman a sí mismos religiosos, *control* significa austeridad. La palabra *austeridad* significa duro, seco –una mente seca, una mente que ha sido controlada, está marchita, embrutecida, herida–. Una mente así nunca podrá conocer la austeridad de la sencillez, la austeridad del amor, la austeridad de la belleza. Sólo conocerá la negación, la dureza y la seca cualidad marchita del control.

La meditación no es el marchitamiento de la mente que llega a través del control, la supresión, la conformidad, a través de seguir un patrón. Usted se preguntará: «¿Cómo puede vivir en este mundo una mente que no tiene control?». La percepción y la observación son superiores al control. Cuando ve algo como falso, esa misma percepción produce su propio aprendizaje. Ese aprendizaje es el no control.

La libertad tiene su propio orden, que no es el orden del control. La libertad tiene su propio movimiento en la creación del orden, en el que la llamada disciplina no existe. Disciplina significa aprender. No para controlar, no para imitar, no para reprimir, sino para aprender. El aprendizaje en sí mismo trae orden, sin imponer un orden desde fuera. Una mente meditativa no tiene control, sino que es libre. Esa libertad se mueve en orden.

Descubramos qué es la meditación para ir más allá. Pero antes de nada, averigüemos lo que no es. Cuando usted ve lo falso como falso, eso es la verdad.

¿Ve la belleza de esto? Cuando ve la verdad en lo falso, eso es la verdad. Cuando miente, cuando engaña, cuando es deshonesto o corrupto, mire eso, y esa es la verdad. Así, al descubrir lo que la meditación no es, lo falso en la meditación, conoceremos la verdad de ella. A través de la negación se llega a lo positivo, no al revés.

El control en cualquiera de sus formas no es meditación. Controlar su pensamiento, controlar su cuerpo, controlar sus instintos: controlar o reprimir no es meditación. El control implica un controlador. El controlador es el que dice: «Debo dar forma a mi pensamiento. Debo suprimir pensamientos o perseguir un solo pensamiento». Donde existe la división entre el controlador y lo controlado, debe haber conflicto.

¿Se ha dado cuenta de los conflictos que surgen cuando quiere controlar? Y su tradición dice que debe controlar sus pensamientos, ser el amo del pensamiento. Pero el amo es otro fragmento de pensamiento que ha asumido autoridad sobre el otro. Cualquier forma de control niega la sensibilidad, la inteligencia que se exige en la meditación.

El control no está en el movimiento de la meditación, así que podemos dejarlo completamente de lado. Un método, un sistema o una práctica no son meditación porque implican conformidad con el patrón establecido por alguien que dice saber lo que es la meditación. Cuando alguien dice que sabe lo que es la meditación, no lo sabe. Cuidado con el que dice «yo sé», ha perdido todo sentido de la humildad y ha dejado de aprender. La iluminación no es un fin fijo. Es un movimiento intemporal en el amor.

Un método, un sistema, una pauta, un seguimiento, una obediencia, todo ello implica conformidad y algo que hay que conseguir como un fin fijo, algo permanente que está ahí, lo que significa tiempo. ¿Son la iluminación, la sabiduría y la claridad de la verdad una cuestión de tiempo, o están ahí para que usted las vea? Sus ojos se nublan cuando persigue métodos, sistemas y todo el resto de tonterías que ocurren en nombre de la meditación en todo el mundo.

La meditación no es control. La meditación no es una práctica. La meditación no es la práctica de la atención o la conciencia.

Qué es la meditación

Hay algo intemporal que va más allá de todo pensamiento y medida. Podemos llamarlo, por el momento, verdad. Existe esa verdad que es sagrada. La humanidad la ha buscado pero se ha visto atrapada por cosas innecesarias en su viaje para encontrarla.

Llegar a la verdad requiere de una mente extraordinariamente tranquila, libre de todos los problemas. Una mente que haya establecido una relación correcta con los demás, que en sí misma tenga un orden completo, absoluto. Estamos usando la palabra *absoluto* en su sentido real: un orden que no tiene conflicto, ni contradicción en ti mismo, y a partir de eso, ningún miedo, la comprensión del placer y el fin de la pena. Cuando se pone fin a la pena y al miedo, y se comprende el placer, de esa comprensión surge el amor y la pasión con su inteligencia. Cuando eso está bien establecido, no verbal ni intelectualmente, sino de hecho, la meditación es esa cualidad de la mente que es totalmente silenciosa. En ese silencio, está lo que es eterno, lo que es sagrado, más allá de todas las imágenes, todas las iglesias y todas las organizaciones.

J. Krishnamurti

La meditación implica libertad de medida, es decir, libertad de tiempo.

Qué es la meditación

La meditación es la transformación de la mente, una revolución psicológica para que usted viva en el día a día, no en teoría, no como un ideal, sino en cada movimiento de la vida, con compasión, amor y la energía para abandonar la mezquindad y la estrechez, la vida superficial que lleva. Cuando la mente está quieta, realmente quieta, no aquietada por el deseo o la voluntad, hay un tipo de movimiento totalmente diferente que no es del tiempo. Describirlo sería absurdo, sólo una descripción verbal, por lo tanto no real.

Lo importante es el arte de la meditación. La palabra *arte* significa poner cada cosa en su sitio, no lo que está en los museos, sino todo lo que hay en nuestra vida cotidiana. Ese es el arte de la meditación, y en él no hay confusión. Cuando hay orden en la vida diaria, un comportamiento recto y una mente completamente tranquila, la mente descubrirá por sí misma si existe lo inconmensurable o no. Hasta que lo averigüe, aquello que es la forma más elevada de santidad, su vida es aburrida, sin sentido, como la vida de la mayoría de la gente.

Por eso la meditación, la meditación correcta, es absolutamente necesaria, para que la mente se vuelva joven, fresca, inocente. Inocencia significa una mente incapaz de ser lastimada. Todo eso está implícito en la meditación, que no está divorciada de nuestra vida diaria. En la comprensión misma de nuestra vida diaria, la meditación es necesaria. Es decir, atender completamente a lo que se está haciendo. Cuando habla con alguien, la forma en que camina, la forma en que piensa, lo que piensa, prestar atención a eso. Eso forma parte de la meditación.

La meditación no es una evasión. No es algo misterioso. De la meditación surge una vida que es santa, una vida que es sagrada y, por lo tanto, tratas todas las cosas como sagradas.

Qué es la meditación

¿Cuál es el origen de todas nuestras penas, de todo nuestro sufrimiento, del dolor, de la ansiedad, de nuestra búsqueda de seguridad?

Hay seguridad total en la inteligencia compasiva. Seguridad total. Pero queremos seguridad en ideas, creencias, conceptos e ideales. Nos aferramos a ellos, y esa es nuestra seguridad, por falsa e irracional que sea. Donde hay compasión, hay inteligencia y seguridad supremas. Cuando hay compasión, cuando hay esa inteligencia, deja de existir la cuestión de la seguridad.

Existe un origen, el suelo original del que parten todas las cosas. Esa base original no es la palabra; la palabra nunca es la cosa. La meditación es llegar a ese suelo, el origen de todas las cosas que está libre de todo tiempo. Este es el camino de la meditación, y bienaventurado el que lo encuentra.

J. Krishnamurti

La meditación es la indagación de lo sagrado.

Qué es la meditación

La meditación es el principio del orden. La meditación es la conciencia del movimiento del pensamiento como «yo». La meditación es libertad, la total y absoluta libertad interior en la que no hay ni una sola imagen –libertad de todas las cosas que hemos reunido como realidad: filosóficamente, psicológicamente, de cualquier otra manera–. Cuando esto ocurre, la secuencia natural es el florecimiento del silencio.

En ese silencio se halla la cualidad de la energía que usted no ha tocado antes, y que es el factor transformador, el verdadero movimiento creativo de la vida. En ese silencio ocurren muchas otras cosas, porque la mente en su conjunto, así como el cerebro, se vuelven ordenados. Funcionará cuando sea necesario; de lo contrario, está completamente en silencio. En este sentido del silencio, el pensamiento no tiene lugar. Por lo tanto, no hay tiempo. Ese silencio no se puede medir. Si usted es capaz de medirlo, no es silencio, sino el silencio que el pensamiento ha juntado y por lo tanto sabe. El pensamiento puede medirlo: «Hoy estoy en silencio, mañana estaré en silencio».

La meditación es algo extraordinario si se sabe lo que es. En esa quietud silenciosa, eso que no se puede describir, que no tiene nombre, que no es producto del tiempo ni del pensamiento, existe ese movimiento, y eso es todo lo que hay. Y eso es la creación.

FUENTES

Aprender sobre uno mismo es el principio de la meditación. Charla pública 8 en París, 21 de septiembre de 1961.

No hay meditación si no hay autoconocimiento. Charla pública 9 en París, 24 de septiembre de 1961.

Meditar es comprender todo el movimiento de lo conocido. Charla pública 3 en Rajghat, 29 de noviembre de 1981.

Si soy consciente de que soy neurótico. Charla pública 9 en Saanen, 1963.

Investigar el final del dolor forma parte de la meditación. Charla pública 5 en Nueva Delhi, 24 de diciembre de 1970.

El autoconocimiento es el principio de la meditación. Charla pública 8 en París, 21 de septiembre de 1961.

La meditación es la comprensión de uno mismo. Comentarios sobre el vivir, Serie III.

En la meditación, debes comprender el significado del pensamiento. Charla pública 4 en San Francisco, 25 de marzo de 1975.

En meditación, no sigas a nadie. Charla pública 4 en San Francisco, 25 de marzo de 1975.

Nuestras mentes están entrenadas para aceptar y conformarse. Charla pública 4 en Bangalore, 13 de enero de 1974.

Si te interesa profundamente esta cuestión de la meditación. Charla pública 4 en Nueva York, 28 de abril de 1974.

La meditación es la negación de todos los sistemas. Charla pública 4 en Nueva York, 28 de abril de 1974.

La autoridad y el seguidismo no tienen cabida. Charla pública 4 en Santa Mónica, 24 de marzo de 1974.

Fuentes

La meditación es el descubrimiento, la atención que pone orden en tu vida. Charla pública 6 en Madrás, 26 de diciembre de 1976.

¿Es posible que la mente ponga fin a los conflictos? Debate con estudiantes en Schönried, 8 de julio de 1969.

La meditación pone orden en la vida. Charla pública 6 en Ojai, 18 de abril de 1976.

La verdadera meditación no es posible si no entiendo el conflicto. Debate con estudiantes en Schönried, 8 de julio de 1969.

Si meditas sin orden. Charla pública 6 en Bombay, 7 de febrero de 1982.

En el estado de no atención hay conflicto. Charla pública 3 en Madrás, 13 de enero de 1971.

No se controla ni se disciplina el pensamiento. Charla pública 4 en San Francisco, 25 de marzo de 1975.

Cuando hay control, hay dirección. Diálogo 18 con Allan W. Anderson en San Diego, California, 28 de febrero de 1974.

J. Krishnamurti

La meditación en la vida cotidiana es acción. Charla pública 4 en Nueva Delhi, 19 de noviembre de 1972.

La meditación es necesaria para que la mente esté completamente quieta. Charla pública 4 en Bangalore, 13 de enero de 1974.

Cualquier forma de control niega la sensibilidad. Charla pública 4 en Nueva Delhi, 19 de noviembre de 1972.

¿Qué es la meditación? Comentarios sobre el vivir, Serie II.

La mente es un instrumento. Comentarios sobre el vivir, Serie II.

Hay seguridad en la inteligencia total. Charla pública 4 en Nueva Delhi, 19 de noviembre de 1972.

En el silencio total no hay nada. Charla pública 4 en Ojai, 20 de abril de 1975.

Meditar es tener la mente completamente quieta. Charla pública 4 en Ojai, 20 de abril de 1975.

El silencio no se consigue con la práctica ni con el control. Charla pública 6 en Madrás, 8 de enero de 1978.

Fuentes

El cerebro tiene su propio ritmo. Charla pública 6 en Bombay, 7 de febrero de 1982.

Meditación sin fórmula fija. Diario de Krishnamurti.

Un hombre estaba sentado con las piernas cruzadas. La verdadera revolución.

La meditación no es la repetición de palabras. La verdadera revolución.

¿Puede la mente estar absolutamente quieta? Charla pública 4 en San Francisco, 25 de marzo de 1975.

La meditación exige mucha atención. Charla pública 4 en Bangalore, 13 de enero de 1974.

La meditación es la atención total a lo que estás haciendo. Charla pública 2 en Nueva York, 28 de marzo de 1982.

La palabra «meditación» está muy cargada. Charla pública 10 en Saanen, 30 de julio de 1967.

La meditación es la cualidad de la mente que está completamente atenta. Charla pública 4 en San Francisco, 18 de marzo de 1973.

Observar requiere energía. Debate público 7 en Saanen, 9 de agosto de 1969.

Parte de la meditación consiste en ver el exterior. Charla pública 6 en Ojai, 18 de abril de 1976.

Una mente meditativa tiene atención. Charla pública 3 en Bangalore, 14 de enero de 1973.

Cualquier forma de práctica meditativa deliberada. Charla pública 2 en San Francisco, 6 de mayo de 1984.

La meditación abarca todo el campo de la existencia. Diálogo 17 con Allan W. Anderson en San Diego, 28 de febrero de 1974.

En la meditación no hay dirección. Charla pública 2 en Rajghat, 24 de noviembre de 1974.

Dormir es tan importante como mantenerse despierto. La verdadera revolución.

La meditación no es la repetición de mantras. Charla pública 6 en Ojai, 18 de abril de 1976.

La meditación no tiene nada que ofrecer. Comentarios sobre el vivir, Serie II.

Fuentes

La meditación no es la repetición de palabras. Charla pública 8 en Madrás, 17 de diciembre de 1961.

Evita a toda costa cualquier sistema de meditación. Charla pública 3 en Madrás, 13 de enero de 1971.

Esto forma parte de la meditación. Charla pública 1 en Madrás, 24 de diciembre de 1977.

La creencia, la imaginación y la fe no tienen cabida. Charla pública 4 en Nueva York, 28 de abril de 1974.

Cualquier forma de meditación consciente no es meditación. Debate 3 con profesores en Brockwood Park, 23 de septiembre de 1984.

La meditación es la liberación de la mente. Diálogo 18 con Allan W. Anderson en San Diego, 28 de febrero de 1974.

Cuando el cerebro está completamente tranquilo. Charla pública 10 en Saanen, 28 de julio de 1963.

La meditación es el vaciado del contenido de la conciencia. Charla pública 6 en Ojai, 18 de abril de 1976.

La meditación es el vaciado completo de la mente. Charla pública 9 en Saanen, 30 de julio de 1964.

Meditar es liberar la mente. Charla pública 5 en Ojai, 12 de noviembre de 1966.

Una mente que no tiene espacio. Charla pública en Madrás, 15 de diciembre de 1974.

Meditar es comprender o llegar al espacio. Charla pública 6 en Bombay, 7 de febrero de 1982.

Cuando tengas espacio. Charla pública 2 en Rajghat, 24 de noviembre de 1974.

La belleza está donde no estás. Charla pública 4 en Nueva Delhi, 8 de noviembre de 1981.

Donde hay silencio, hay espacio. Charla pública 3 en Bangalore, 14 de enero de 1973.

La meditación es algo tremendamente serio. Entrevista realizada por Michael Mendizza en Ojai, 20 de abril de 1982.

¿Qué es la meditación? Charla pública 3 en Bangalore, 14 de enero de 1973.

Descubramos qué es la meditación. Charla pública 4 en Nueva Delhi, 19 de noviembre de 1972.

Fuentes

El control no está en el movimiento de la meditación. Charla pública 4 en Nueva Delhi, 19 de noviembre de 1972.

Hay algo intemporal más allá de todo pensamiento y medida. Entrevista realizada por Gary Null en Brockwood Park, 17 de octubre de 1980.

La meditación implica liberarse de la medición. Charla pública 4 en San Francisco, 25 de marzo de 1975.

La meditación es la transformación de la mente. Charla pública 4 en San Francisco, 25 de marzo de 1975.

Cuál es el origen de todas nuestras penas. Charla pública 4 en Nueva Delhi, 8 de noviembre de 1981.

La meditación es la indagación de lo sagrado. Charla pública 4 en Madrás, 15 de diciembre de 1974.

La meditación es el principio del orden. Charla pública 4 en Nueva Delhi, 2 de diciembre de 1973.

FUNDACIONES

El legado que Jiddu Krishnamurti dejó en sus enseñanzas forma parte de la responsabilidad de las fundaciones creadas como iguales por él, con el propósito de preservar la integridad de lo que él expresó durante muchos años y en diferentes lugares del mundo.

Las siguientes fundaciones creadas por Krishnamurti son las únicas instituciones responsables de la preservación y difusión de sus enseñanzas:

Krishnamurti Foundation Trust (KFT)
www.kfoundation.org — kft@brockwood.org.uk
Krishnamurti Foundation of America (KFA)
www.kfa.org — kfa@kfa.org
Krishnamurti Foundation India (KFI)
www.kfionline.org — kfihq@md2.vsnl.net.in
Fundación Krishnamurti Latinoamericana (FKL)
www.fkla.org — fkl@fkla.org

Estas fundaciones se responsabilizan y garantizan la autenticidad e integridad de los contenidos de todas las publicaciones realizadas por ellas (libros, vídeos, casetes, DVD, etcétera). Para cualquier duda o consulta, rogamos contacten con una de estas fundaciones.

También pueden consultar la página oficial de las enseñanzas de Jiddu Krishnamurti [www.jkrishnamurti.org], donde podrán encontrar mucho material de libre acceso (textos, vídeos, etcétera).

editorial **K**airós

Puede recibir información sobre
nuestros libros y colecciones inscribiéndose en:

www.editorialkairos.com
www.editorialkairos.com/newsletter.html

Numancia, 117-121 • 08029 Barcelona • España
tel. +34 934 949 490 • info@editorialkairos.com